POÉSIES

DE

TH. GAUTIER

QUI NE FIGURERONT PAS DANS SES ŒUVRES

PRÉCÉDÉES D'UNE

AUTOBIOGRAPHIE

ET ORNÉES D'UN PORTRAIT SINGULIER

FRANCE
IMPRIMERIE PARTICULIÈRE
—
M D CCC LXXIII

CHEZ LES MÊMES LIBRAIRES :

Le Parnasse satyrique du dix-neuvième siècle et le Nouveau Parnasse. Recueil de vers piquants et gaillards de Béranger, V. Hugo, E. Deschamps, A. Barbier, A. de Musset, Baudelaire, Monselet, etc.

Edition définitive, *considérablement augmentée*, contenant notamment le chapitre des pièces satyriques inédites et inconnues de la *phalange naturaliste*, des pièces nouvelles de Ch. Baudelaire, etc., etc., agrémentée de 4 frontispices libres, gravés par des artistes en renom.

3 forts volumes in-8º, imprimés avec le plus grand soin, sur papier de cuve vergé.

AVANT-PROPOS

Le plus célèbre et sans contredit le plus intelligent des éditeurs de notre temps, feu M. Poulet-Malassis, publia, en 1863, un Recueil de Gaillardises et de pièces satyriques contemporaines, sous le titre de *Parnasse satyrique du XIXme siècle*, en deux volumes. Le grand succès de cet ouvrage engagea l'éditeur, en 1866, à publier une *suite* avec un *Appendice*, sous le titre de *Nouveau Parnasse*. Ces deux ouvrages parurent à Bruxelles, l'un sous la rubrique de : *Rome, à l'enseigne des sept péchés capitaux*, et l'autre sous celle d'*Éleutheropolis*.

La première édition de ce *Parnasse* et du *Nouveau Parnasse* s'épuisa promptement. Aujourd'hui, un bel exemplaire complet des trois volumes se vend de deux à trois cents francs, et quelquefois plus cher ; c'est-à-dire trois, quatre et cinq fois sa valeur primitive.

Le très-érudit et si sympathique écrivain qui signe Charles Monselet, annonça comme suit, dans la *Vie Parisienne* du 4 juin 1864, l'apparition de cette première édition du *Parnasse satyrique du XIXme siècle* :

SOUS LE MANTEAU

« On a, de tout temps, publié et colporté des livres *sous le manteau*, romans érotiques, mémoires indiscrets, pamphlets à outrance. Souvent, quelques-uns de ces ouvrages s'imprimaient à la barbe du gouvernement français, malgré l'indication d'Amsterdam, de Genève ou de Constantinople, apposée sur le titre. Longue est la liste des auteurs et des éditeurs qui ont tâté de la Bastille

POÉSIES

Tirage à cent cinquante exemplaires sur papier vergé
de Hollande

POÉSIES

DE

TH. GAUTIER

QUI NE FIGURERONT PAS DANS SES ŒUVRES

PRÉCÉDÉES D'UNE

AUTOBIOGRAPHIE

ET ORNÉES D'UN PORTRAIT SINGULIER

FRANCE
IMPRIMERIE PARTICULIÈRE
—
MDCCCLXXIII

AVERTISSEMENT

SUR LE PORTRAIT

—

Goguenard, cambré, à tous crins, ce Théophile Gautier est celui des *Jeunes-France,* de *Mademoiselle de Maupin,* de la *Comédie de la mort;—* si différent du Gautier impérial, aux paupières gonflées, à la chevelure affaissée, à la démarche lente, que notre génération a connu et que MM. Bracquemond et Jacquemart ont gravé.

Il est réduit d'un portrait-charge lithographié par Benjamin Roubaud, de la série du *Panthéon charivarique,* publié en 1838, avec cette légende :

Théophile Gauthier (sic) est de ce poil énorme
Né coiffé... Quel toupet! Puisqu'il n'est amoureux
Systématiquement que de la belle forme,
Il devrait bien changer celle de ses cheveux.

Ce méchant quatrain pourrait être remplacé par les vers superbes du *Château du souvenir,* dans *Emaux et camées :*

> Terreur du bourgeois glabre et chauve,
> Une chevelure à tous crins
> De roi franc ou de lion fauve
> Roule en torrent jusqu'à ses reins.
>
> Tel, romantique opiniâtre,
> Soldat de l'art qui lutte encor,
> Il se ruait vers le théâtre,
> Quand d'*Hernani* sonnait le cor...

AUTOBIOGRAPHIE

Au premier coup d'œil, cela semble bien simple de rédiger des notes sur sa propre vie. On est, on le croit du moins, à la source des renseignements, et l'on serait mal venu ensuite à se plaindre de l'inexactitude des biographes. « Connais-toi toi-même » est un bon conseil philosophique, mais plus difficile à suivre qu'on ne pense, et je découvre à mon embarras que je ne suis pas aussi bien informé sur mon propre compte que je me l'imaginais. Le visage qu'on regarde le moins est son visage à soi. Mais enfin, j'ai promis, il faut que je m'exécute.

Diverses notices me font naître à Tarbes, le 31 août 1808. Cela n'a rien d'important, mais la vérité est que je suis venu dans ce monde où je devais tant faire de copie, le 31 août 1811, ce qui me donne un âge encore assez respectable pour m'en contenter. On a dit aussi que j'avais commencé mes études en cette ville et que j'étais entré, en 1822, pour les finir, au collége Charlemagne. Les études que j'ai pu faire à Tarbes se bornent à peu de chose, car j'avais trois ans quand mes parents m'emmenèrent à Paris à mon grand regret, et je ne suis retourné à mon lieu de naissance qu'une seule fois pour y passer vingt-quatre heures, il y a six ou sept ans. Chose singulière pour un enfant si jeune, le séjour de la capitale me causa une nostalgie assez intense pour m'amener à des idées de suicide. Après avoir jeté mes joujoux par la fenêtre, j'allais les suivre, si, heureusement ou malheureusement, on ne m'avait retenu par ma jaquette. On ne parvenait à m'endormir qu'en me disant qu'il fallait se reposer pour se lever de grand matin et retourner là-bas. Comme je ne savais que le patois gascon, il me semblait que j'étais sur une terre étrangère, et une fois, au bras de ma bonne, entendant des soldats qui passaient parler cette langue, pour moi la maternelle, je m'écriai : « Allons-nous-en avec eux ; ceux-là sont des nôtres ! »

Cette impression ne s'est pas tout à fait effacée, et quoique, sauf le temps des voyages, j'aie passé toute ma vie à Paris, j'ai gardé un fond méridional. Mon père, du reste, était né dans le Comtat-Venaissin, et malgré une excellente éducation, on pouvait reconnaître à son accent l'ancien sujet du pape. On doute parfois de la mémoire des enfants. La mienne était telle, et la configuration des lieux s'y était si bien gravée qu'après plus de quarante ans j'ai pu reconnaître dans la rue qui mène au Mercadieu la maison où je naquis. Le souvenir des silhouettes de montagnes bleues qu'on découvre au bout de chaque ruelle et des ruisseaux d'eaux courantes qui, parmi les verdures, sillonnent la ville en tous sens, ne m'est jamais sorti de la tête et m'a souvent attendri aux heures songeuses.

Pour en finir avec ces détails puérils, j'ai été un enfant doux, triste et malingre, bizarrement olivâtre, et d'un teint qui étonnait mes jeunes camarades roses et blancs. Je ressemblais à quelque petit Espagnol de Cuba, frileux et nostalgique, envoyé en France pour faire son éducation. J'ai su lire à l'âge de cinq ans, et depuis ce temps je puis dire comme Apelles, *nulla dies sine lineâ*. A ce propos, qu'on me permette de placer une courte anecdote.

Il y avait cinq ou six mois qu'on me faisait épeler sans grand succès ; je mordais fort mal au *ba, be, bi, bo, bu*, lorsqu'un jour de l'an le chevalier de Port de Guy, dont parle Victor Hugo dans *les Misérables*, et qui portait les cadavres de guillotinés avec l'évêque de***, me fit cadeau d'un livre fort proprement relié et doré sur tranche et me dit : « Garde-le pour l'année prochaine, puisque tu ne sais pas encore lire. — Je sais lire, » répondis-je, pâle de colère et bouffi d'orgueil. J'emportai rageusement le volume dans un coin, et je fis de tels efforts de volonté et d'intelligence que je le déchiffrai d'un bout à l'autre et que je racontai le sujet au chevalier à sa première visite.

Ce livre, c'était *Lydie de Gersin*. Le sceau mystérieux qui fermait pour moi les bibliothèques était rompu. Deux choses m'ont toujours épouvanté, c'est qu'un enfant apprît à parler et à lire ; avec ces deux clefs qui ouvrent tout, le reste n'est rien. L'ouvrage qui fit sur moi le plus d'impression, ce fut *Robinson Crusoé*. J'en devins comme fou, je ne rêvais plus qu'île déserte et vie libre au sein de la nature, et me bâtissais, sous la table du salon, des cabanes avec des bûches où je restais enfermé des heures entières. Je ne m'intéressais qu'à Robinson seul, et l'arrivée de Vendredi rompait pour moi tout le charme.

Plus tard, Paul et Virginie me jetèrent dans un enivrement sans pareil, que ne me causèrent, lorsque je fus devenu grand, ni Shakspeare, ni Goëthe, ni lord Byron, ni Walter Scott, ni Chateaubriand, ni Lamartine, ni même Victor Hugo, que toute la jeunesse adorait à cette époque. A travers tout cela, sous la direction de mon père, fort bon humaniste, je commençais le latin, et à mes heures de récréation je faisais des vaisseaux correctement gréés, d'après les eaux-fortes d'Ozanne, que je copiais à la plume pour mieux me rendre compte de l'arrangement des cordages. Que d'heures j'ai passées à façonner une bûche et à la creuser avec du feu à la façon des sauvages ! Que de mouchoirs j'ai sacrifiés pour en faire des voiles ! Tout le monde croyait que je serais marin, et ma mère se désespérait par avance d'une vocation qui dans un temps donné devait m'éloigner d'elle. Ce goût enfantin m'a laissé la connaissance de tous les termes techniques de marine. Un de mes bâtiments, les voiles bien orientées, le gouvernail fixé dans une direction convenable, eut la gloire de traverser tout seul la Seine en amont du pont d'Austerlitz. Jamais triomphateur romain ne fut plus fier que moi.

Aux vaisseaux succédèrent les théâtres en bois et en carton, dont il fallait peindre les décors, ce qui tournait mes idées vers la peinture. J'avais attrapé une huitaine d'années et l'on me mit au collège Louis le Grand, où je fus saisi d'un désespoir sans égal que rien ne put vaincre. La brutalité et la turbulence de mes petits compagnons de bagne me faisaient horreur. Je mourais de froid, d'ennui et d'isolement entre ces grands murs tristes, où, sous prétexte de me briser à la vie de collége, un immonde chien de cour s'était fait mon bourreau. Je conçus pour lui une haine qui n'est pas éteinte encore. S'il m'apparaissait reconnaissable après ce long espace de temps, je lui sauterais à la gorge et je l'étranglerais. Toutes les provisions que ma mère m'apportait restaient empilées dans mes poches et y moisissaient. Quant à la nourriture du réfectoire, mon estomac ne pouvait la supporter; je dépérissais si visiblement que le proviseur s'en alarma : j'étais là-dedans comme une hirondelle prise qui ne veut plus manger et meurt. On était du reste très-content de mon travail, et je promettais un brillant élève si je vivais. Il fallut me retirer et j'achevai le reste de mes études à Charlemagne, en qualité d'*externe libre*, titre dont j'étais entièrement fier, et que j'avais soin d'écrire en grosses lettres au coin de ma copie.

Mon père me servait de répétiteur, et c'est lui qui fut en réalité mon seul maître. Si j'ai quelque instruction et quelque talent, c'est à lui que je les dois. Je fus assez bon élève, mais avec des curiosités bizarres, qui ne plaisaient pas toujours aux professeurs. Je traitais les sujets de vers latins dans tous les mètres imaginables, et je me plaisais à imiter les styles qu'au collége on appelle de décadence. J'étais souvent taxé de barbarie et d'africanisme, et j'en étais charmé comme d'un compliment. Je fis peu d'amis sur les bancs, excepté

Eugène de Nully et Gérard de Nerval, déjà célèbre à Charlemagne par ses odes nationales, qui étaient imprimées.

Outre mes latins décadents, j'étudiais les vieux auteurs français, Villon et Rabelais surtout, que j'ai sus par cœur, je dessinais et je m'essayais à faire des vers français ; la première pièce dont je me souvienne était *le Fleuve Scamandre*, inspirée sans doute par le tableau de Lancrenon, des traductions de Musée, de l'Anthologie grecque, et plus tard un poème de l'enlèvement d'Hélène, en vers de dix pieds. Toutes ces pièces se sont perdues. Il n'y a pas grand mal. Une cuisinière moins lettrée que la Photis de Lucien en flamba des volailles, ne voulant pas employer du papier blanc à cet usage. De ces années de collége il ne me reste aucun souvenir agréable et je ne voudrais pas les revivre.

Pendant que je faisais ma rhétorique, il me vint une passion, celle de la nage, et je passais à l'école Petit tout le temps que me laissaient les classes. Parfois même, pour parler le langage des collégiens, je filais et passais toute la journée dans la rivière. Mon ambition était de devenir un caleçon rouge. C'est la seule de mes ambitions qui ait été réalisée. En ce temps-là, je n'avais aucune idée de me faire littérateur, mon goût me portait plutôt vers la peinture, et avant d'avoir fini ma philosophie j'étais entré chez Rioult, qui avait son atelier rue Saint-Antoine, près du temple protestant, à proximité de Charlemagne : ce qui me permettait d'aller à la classe après la séance. Rioult était un homme d'une laideur bizarre et spirituelle, qu'une paralysie forçait, comme Jouvenet, à peindre de la main gauche, et qui n'en était pas moins adroit. A ma première étude il me trouva plein de « chic, » accusation au moins prématurée. La scène si bien racontée dans *l'Affaire Clémenceau* se joua aussi pour moi sur la table de pose, et le premier modèle de femme ne me parut pas beau et me désappointa singulièrement, tant l'art ajoute à la nature la plus parfaite. C'était cependant une très-jolie fille, dont j'appréciai plus tard, par comparaison, les lignes élégantes et pures ; mais d'après cette impression, j'ai toujours préféré la statue à la femme et le marbre à la chair. Mes études de peinture me firent apercevoir d'un défaut que j'ignorais, c'est que j'avais la vue basse. Quand j'étais au premier rang, cela allait bien, mais quand le tirage des places reléguait mon chevalet au fond de la salle, je n'ébauchais plus que des masses confuses.

Je demeurais alors avec mes parents à la place Royale, n° 8, dans l'angle de la rangée d'arcades où se trouvait la mairie. Si je note ce détail, ce n'est pas pour indiquer à l'avenir une de mes demeures. Je ne suis pas de ceux dont la postérité signalera les maisons avec un buste ou une plaque de marbre. Mais cette circonstance influa beaucoup sur la direction de ma vie. Victor Hugo, quelque temps après la révolution de Juillet, était venu loger à la place Royale, au n° 6, dans la maison en retour d'équerre. On pouvait se parler d'une fenêtre à l'autre. J'avais été présenté à Hugo, rue Jean Goujon, par Gérard et Pétrus Borel, le licanthrope, Dieu sait avec quels tremblements et quelles angoisses ! Je restai plus d'une heure assis sur les marches de l'escalier avec mes deux cornacs, les priant d'attendre que je fusse un peu remis.

Hugo était alors dans toute sa gloire et son triomphe. Admis devant le Jupiter romantique, je ne sus pas même dire comme Henri Heine devant Goëthe :

« Que les prunes étaient bonnes pour la soif sur le chemin d'Iéna à Weimar. »

Mais les dieux et les rois ne dédaignent pas ces effarements de timidité admirative. Ils aiment assez qu'on s'évanouisse devant eux. Hugo daigna sourire et m'adresser quelques paroles encourageantes. C'était à l'époque des répétitions d'*Hernani*. Gérard et Pétrus se portèrent mes garants, et je reçus un de ces billets rouges marqués avec une griffe de la fière devise espagnole *hierro* (fer). On pensait que la représentation serait tumultueuse, et il fallait des jeunes gens enthousiastes pour soutenir la pièce. Les haines entre classiques et romantiques étaient aussi vives que celles des guelfes et des gibelins, des gluckistes et des piccinistes. Le succès fut éclatant comme un orage, avec sifflement des vents, éclairs, pluie et foudre. Toute une salle soulevée par l'admiration frénétique des uns et la colère opiniâtre des autres ! Ce fut à cette représentation que je vis pour la première fois Mme Emile de Girardin, vêtue de bleu, les cheveux roulés en longue spirale d'or comme dans le portrait d'Hersent. Elle applaudissait le poète pour son génie, on l'applaudit pour sa beauté. A dater de là, je fus considéré comme un chaud noéphyte, et j'obtins le commandement d'une petite escouade à qui je distribuais des billets rouges. On a dit et imprimé qu'aux batailles d'*Hernani* j'assommais les bourgeois récalcitrants avec mes poings énormes. Ce n'était pas l'envie qui me manquait, mais les poings. J'avais dix-huit ans à peine, j'étais frêle et délicat, et je gantais sept et un quart. Je fis depuis toutes les grandes campagnes romantiques. Au sortir du théâtre, nous écrivions sur les murailles : « Vive Victor Hugo ! » pour propager sa gloire et ennuyer les *Philistins*. Jamais Dieu ne fut adoré avec plus de ferveur qu'Hugo. Nous étions étonnés de le voir marcher avec nous dans la rue comme un simple mortel, et il nous semblait qu'il n'eût dû sortir par la ville que sur un char triomphal traîné par un quadrige de chevaux blancs, avec une Victoire aîlée suspendant une couronne d'or au-dessus de sa tête. A vrai dire, je n'ai guère changé d'idée, et mon âge mûr approuve l'admiration de ma jeunesse.

A travers tout cela, je faisais des vers, et il y en eut bientôt assez pour former un petit volume entremêlé de pages blanches et d'épigraphes bizarres en toutes sortes de langues que je ne savais pas, selon la mode du temps. Mon père fit les frais de la publication, Rignoux m'imprima, et avec cet à-propos et ce flair des commotions politiques qui me caractérisent, je parus au passage des Panoramas, à la vitrine de Marie, éditeur, juste le 28 juillet 1830. On pense bien, sans que je le dise, qu'il ne se vendit pas beaucoup d'exemplaires de ce volume à couverture rose, intitulé modestement *Poésies*.

Le voisinage de l'illustre chef romantique rendit mes relations avec lui et avec l'école naturellement plus fréquentes. Peu à peu je négligeai la peinture et me tournai vers les idées littéraires. Hugo m'ai-

1.

mait assez et me laissait asseoir comme un page familier sur les marches de son trône féodal. Ivre d'une telle faveur, je voulus la mériter, et je rimai la *Légende d'Albertus* que je joignis avec quelques autres pièces à mon volume sombré dans la tempête, et dont l'édition me restait presque entière ; à ce volume, devenu rare, était jointe une eau-forte ultra-excentrique de Célestin Nanteuil. Ceci se passait vers 1833. Le surnom d'Albertus me resta, et l'on ne m'appelait guère autrement dans ce qu'Alfred de Musset appelait la grande boutique... romantique. Chez Victor, je fis la connaissance d'Eugène Renduel, le libraire à la mode, l'éditeur au cabriolet d'ébène et d'acier. Il me demanda de lui faire quelque chose, parce que, disait-il, il me trouvait « drôle ». Je lui fis les *Jeunes France*, espèce de précieuses ridicules du romantisme, puis *Mademoiselle de Maupin*, dont la préface souleva les journalistes, que j'y traitais fort mal. Nous regardions, en ce temps-là, les critiques comme des cuistres, des monstres, des eunuques et des champignons. Ayant vécu depuis avec eux, j'ai reconnu qu'ils n'étaient pas si noirs qu'ils en avaient l'air, étaient assez bons diables et même ne manquaient pas de talent.

J'avais, vers cette époque, quitté le nid paternel, et demeurais impasse du Doyenné, où logeaient aussi Camille Rogier, Gérard de Nerval et Arsène Houssaye, qui habitaient ensemble un vieil appartement dont les fenêtres donnaient sur des terrains pleins de pierres taillées, d'orties et de vieux arbres. C'était la Thébaïde au milieu de Paris. C'est rue du Doyenné, dans ce salon où les rafraîchissements étaient remplacés par des fresques, que fut donné ce bal costumé qui resta célèbre, et où je vis pour la première fois ce pauvre Roger de Beauvoir, qui vient de mourir après de si longues souffrances, dans tout l'éclat de son succès, de sa jeunesse et de sa beauté. Il portait un magnifique costume vénitien à la Paul Véronèse : grande robe de damas vert-pomme, ramagé d'argent, toquet de velours nacarat et maillot rouge en soie, chaîne d'or au col ; il était superbe, éblouissant de verve et d'entrain, et ce n'était pas le vin de Champagne qu'il avait bu chez nous qui lui donnait ce pétillement de bons mots. Dans cette soirée, Édouard Ourliac, qui plus tard est mort dans des sentiments de profonde dévotion, improvisait avec une âpreté terrible et un comique sinistre, ces charges amères où perçait déjà le dégoût du monde et des ridicules humains.

Dans ce petit logement de la rue du Doyenné, qui n'est plus aujourd'hui qu'un souvenir, J. Sandeau vint nous chercher de la part de Balzac pour coopérer à la *Chronique de Paris*, où nous écrivîmes *la Morte amoureuse* et *la Chaîne d'or ou l'Amant partagé*, sans compter un grand nombre d'articles de critique. Nous faisions aussi à *la France littéraire*, dirigée par Charles Malo, des esquisses biographiques de la plupart des poètes maltraités dans Boileau, et qui furent réunies sous le titre de *Grotesques*. A peu près vers ce temps (1836), nous entrâmes à *la Presse*, qui venait de se fonder, comme critique d'art. Un de nos premiers articles fut une appréciation des peintures d'Eugène Delacroix à la Chambre des députés. Tout en vaquant à ces travaux, nous composions un nouveau volume de vers : *la Comédie de la mort*, qui parut en 1838.

Fortunio, qui date à peu près de cette époque, fut inséré d'abord au *Figaro* sous forme de feuilletons qui se détachaient du journal et se pliaient en livre.

Là finit ma vie heureuse, indépendante et primèsautière. On me chargea du feuilleton dramatique de *la Presse*, que je fis d'abord avec Gérard et ensuite tout seul pendant plus de vingt ans. Le journalisme, pour se venger de la préface de *Mademoiselle de Maupin*, m'avait accaparé et attelé à sa besogne. Que de meules j'ai tournées, que de seaux j'ai puisés à ces norias hebdomadaires ou quotidiennes, pour verser de l'eau dans le tonneau sans fond de la publicité! J'ai travaillé à *la Presse*, au *Figaro*, à *la Caricature*, au *Musée des Familles*, à la *Revue de Paris*, à la *Revue des Deux-Mondes*, partout où l'on écrivait alors. Mon physique s'était beaucoup modifié, à la suite d'exercices gymnastiques. De très-délicat, j'étais devenu très-vigoureux. J'admirais les athlètes et les boxeurs par-dessus tous les mortels. J'avais pour maître de boxe française et de canne Charles Lacour, je montais à cheval avec Clopet et Victor Franconi, je canotais sous le capitaine Lefèvre, je suivais, à la salle Montesquieu, les défis et les luttes de Marseille, d'Arpin, de Locéan, de Blas, le féroce Espagnol, du grand mulâtre et de Tom Cribbs, l'élégant boxeur anglais. Je donnai même, à l'ouverture du Château-Rouge, sur une tête de Turc toute neuve, le coup de poing de cinq cent trente-deux livres devenu historique; c'est l'acte de ma vie dont je suis le plus fier. En mai 1840, je partis pour l'Espagne. Je n'étais encore sorti de France que pour une courte excursion en Belgique. Je ne puis décrire l'enchantement où me jeta cette poétique et sauvage contrée, rêvée à travers les *Contes d'Espagne et d'Italie* d'Alfred de Musset et les *Orientales* d'Hugo. Je me sentis là sur mon vrai sol et comme dans une patrie retrouvée. Depuis, je n'eus d'autre idée que de ramasser quelque somme et de partir ; la passion ou la maladie du voyage s'était développée en moi.

En 1845, aux mois les plus torrides de l'année, je visitai toute l'Afrique française et fis, à la suite du maréchal Bugeaud, la première campagne de Kabylie contre Bel-Kassem-ou-Kasi, et j'eus le plaisir de dater du camp d'Aïn-el-Arba la dernière lettre d'Edgar de Meillan, dont je remplissais le personnage dans le roman épistolaire de *la Croix de Berny*, fait en collaboration avec Mme de Girardin, Méry et Sandeau.

Je ne parlerai pas d'excursions rapides en Angleterre, en Hollande, en Allemagne, en Suisse. Je parcourus l'Italie en 1850, et j'allai à Constantinople en 1852. Ces voyages se sont résumés en volumes. Plus récemment, une publication d'art, dont je devais écrire le texte, m'envoya en Russie en plein hiver, et je pus savourer les délices de la neige. L'été suivant, je poussai jusqu'à Nijni-Novgorod, à l'époque de la foire, ce qui est le point le plus éloigné de Paris que j'aie atteint. Si j'avais eu de la fortune, j'aurais vécu toujours errant. J'ai une facilité admirable à me plier sans effort à la vie des différents peuples. Je suis Russe en Russie, Turc en Turquie, Espagnol en Espagne, où je suis retourné plusieurs fois par passion pour les courses de taureaux, ce qui m'a fait appeler, par la *Revue des Deux-Mondes*, « un être gras, jovial et sanguinaire. »

J'aimais beaucoup les cathédrales, sur la foi de *Notre-Dame de Paris*, mais la vue du Parthénon m'a guéri de la maladie gothique, qui n'a jamais été bien forte chez moi. J'ai écrit un *Salon* d'une vingtaine d'articles, toutes les années d'exposition à peu près, depuis 1837, et je continue, au *Moniteur*, la besogne de critique d'art et de théâtre que je faisais à la *Presse*. J'ai eu plusieurs ballets représentés à l'Opéra, entre autres *Giselle* et *la Péri*, où Carlotta Grisi conquit ses ailes de danseuse ; à d'autres théâtres, un vaudeville, deux pièces en vers : *le Tricorne enchanté* et *Pierrot posthume;* à l'Odéon, des prologues et des discours d'ouverture. Un troisième volume de vers, *Émaux et camées*, a paru en 1852, pendant que j'étais à Constantinople. Sans être romancier de profession, je n'en ai pas moins bâclé, en mettant à part les nouvelles, une douzaine de romans : *les Jeunes France, Mademoiselle de Maupin, Fortunio, les Roués innocents, Militona, la Belle Jenny, Jean et Jeannette, Avatar, Jettatura, le Roman de la momie, Spirite, le Capitaine Fracasse*, qui fut longtemps ma *Quinquengrogne* (1), » lettre de change de ma jeunesse payée par mon âge mûr. Je ne compte pas une quantité innombrable d'articles sur toutes sortes de sujets. En tout quelque chose comme trois cents volumes, ce qui fait que tout le monde m'appelle pa-

---

(1) Les catalogues romantiques de 1832 et années suivantes annonçaient deux romans de Victor Hugo, qui n'ont jamais paru : *la Quinquengrogne*, 2 vol. in-8º, et *le Fils de la bossue*, 1 vol. in-8º.

resseux et me demande à quoi je m'occupe. Voilà, en vérité, tout ce que je sais sur moi.

Théophile Gautier.

———

Cette autobiographie modèle a formé, en 1867, la première et unique livraison des *Sommités contemporaines*, publication projetée par M. Auguste Marc, de l'*Illustration*, petit in-folio, 8 pages encadrées, portrait en pied, gravé par J. Robert, sur un dessin de Mouilleron, d'après une photographie de Bertall. Elle est depuis allée se perdre dans le *Panthéon des illustrations françaises au XIXe siècle*, de M. Victor Frond, monument monstrueux où grouille autour de quelques personnalités vaillantes une cohue de célébrités inédites ; grand in-4º, près de 500 livraisons depuis 1865, avec portraits lithographiés et fac-simile d'autographes ; Abel Pilon, éditeur, Lemercier, imprimeur.

SINGULARITÉS

CAUCHEMAR

Bizoy quen ne consquaff a maru garu ne marnaff.
(Ancien proverbe breton.)
Jamais je ne dors que je ne meure de mort amère.
Les goules de l'abyme
Attendant leur victime,
Ont faim ;
Leur ongle ardent s'allonge,
Leur dent en espoir ronge
Ton sein.

Avec ses nerfs rompus, une main écorchée
Qui marche sans le corps dont elle est arrachée,
Crispe ses doigts crochus armés d'ongles de fer
Pour me saisir : des feux pareils aux feux d'enfer
Se croisent devant moi; dans l'ombre des yeux fauves
Rayonnent; des vautours à cous rouges et chauves

Battent mon front de l'aile, en poussant des cris sourds :
En vain pour me sauver je lève mes pieds lourds,
Des flots de plomb fondu subitement les baignent,
A des pointes d'acier ils se heurtent et saignent,
Meurtris et disloqués ; et mon dos cependant
Ruisselant de sueur, frissonne au souffle ardent
De naseaux enflammés, de gueules haletantes :
Les voilà, les voilà ! dans mes chairs palpitantes
Je sens des becs d'oiseaux avides se plonger,
Fouiller profondément, jusqu'aux os me ronger,
Et puis des dents de loups et de serpents qui mordent
Comme une scie aiguë, et des pinces qui tordent ;
Ensuite le sol manque à mes pas chancelants :
Un gouffre me reçoit ; sur des rochers brûlants,
Sur des pics anguleux que la lune reflète,
Tremblant, je roule, roule, et j'arrive squelette
Dans un marais de sang ; bientôt, spectres hideux,
Des morts au teint bleuâtre en sortent deux à deux,
Et se penchant vers moi m'apprennent des mystères
Que le trépas révèle aux pâles feudataires
De son empire ; alors, étrange enchantement,
Ce qui fut moi s'envole, et passe lentement
A travers un brouillard couvrant les flèches grêles
D'une église gothique aux moresques dentelles.
Déchirant une proie enlevée au tombeau,
En me voyant venir, tout joyeux, un corbeau
Croasse, et s'envolant aux steppes de l'Ukraine,
Par un pouvoir magique à sa suite m'entraîne,
Et j'aperçois bientôt, non loin d'un vieux manoir,
A l'angle d'un taillis, surgir un gibet noir
Soutenant un pendu ; d'effroyables sorcières
Dansant autour, et moi, de fureurs carnassières
Agité, je ressens un immense désir

De broyer sous mes dents sa chair, et de saisir,
Avec quelque lambeau de sa peau bleue et verte,
Son cœur demi-pourri dans sa poitrine ouverte.

———

Cet agréable spécimen du romantisme macabre se trouve dans le second volume de poésies de l'auteur, *Albertus ou l'âme et le péché, légende théologique ;* Paris, Paulin, 1833, in-12, avec frontispice eau-forte de C. Nanteuil, p. 49. Théophile Gautier, qui ne l'a jamais fait reproduire depuis, s'en est moqué le premier dans *les Jeunes France*, où les quatre derniers vers servent d'épigraphe au chapitre *Daniel Jovard ou la conversion d'un classique.*

COLÈRE

—

Amende-toi, vieille au regard hideux,
Ou pour un mot villain en auras deux.
Epistre à la première vieille.

A Montfaucon tout sec puisse-tu pendre,
Les yeux mangéz de corbeaux charongneux,
Les pieds tiréz de ces mastins hargneux
Qui vont grondant, hérissés de furie,
Quand on approche auprès de leur voirie.
Pierre de Ronsard.

Hypocrisie et vice, — oui, c'est bien là le monde :
    Belles maximes et grands airs
Jetés comme un manteau sur le cloaque immonde
    D'un cœur tout gangrené de vers.
Oui, — la religion dont le péché se couvre
    Pour japper après la vertu,
Oui,—le simple dont l'âme à tous les regards s'ouvre,
    Aux pieds du méchant abattu ;
La vierge pure en proie aux noires calomnies
    Des courtisanes de bas lieu,
Qui, vieilles et sans dents et les lèvres jaunies,
    Osent mentir si près de Dieu.

— Sorcières de Macbeth, dignes d'être huées,
  Serpents armés d'un triple dard,
Ulcères ambulants, vieilles prostituées,
  Tombeaux badigeonnés de fard,
Oh! comme il leur va bien, elles dont trente places
  Elles dont trente carrefours,
Avec des charretiers, crapuleux Lovelaces,
  Ont vu les publiques amours ;
Elles dont la jeunesse en débauches passée
  Couperose et jaspe le teint,
Et qui sous une peau détendue et plissée
  Couvent un brasier mal éteint,
D'user tartufement leurs genoux sur les dalles,
  Leurs pouces sur un chapelet,
En prenant pour voiler leurs antiques scandales
  La soutane d'un prestolet,
De venir sans pudeur noircir une que j'aime
  Comme l'on n'a jamais aimé,
D'un amour pur et saint, et qui de Dieu lui-même
  Certes ne peut être blâmé.

Après lecture des *Iambes* de Barbier, Gautier, s'apercevant que l'indignation l'avait mal inspiré, tourna le dos à cette muse.
 Pièce extraite, comme la précédente, d'*Albertus*, p. 227; non réimprimée depuis 1833.

SONNET VII

—

Liberté de juillet! femme au buste divin,
Et dont le corps finit en queue,
GÉRARD.

E la lor cieca vita è tanto bassa
Ch' invidiosi son d'ogn' altra sorte.
Inferno, canto III.

Avec ce siècle infâme il est temps que l'on rompe ;
Car à son front damné le doigt fatal a mis
Comme aux portes d'enfer : Plus d'espérance!—Amis,
Ennemis, peuples, rois, tout nous joue et nous trompe.

Un budget éléphant boit notre or par sa trompe.
Dans leurs trônes d'hier encor mal affermis,
De leurs aînés déchus ils gardent tout, — hormis
La main prompte à s'ouvrir et la royale pompe.

Cependant en juillet, sous le ciel indigo,
Sur les pavés mouvants ils ont fait des promesses
Autant que Charles dix avait ouï de messes ! —

Seule, la poésie incarnée en Hugo
Ne nous a pas déçus, et de palmes divines,
Vers l'avenir tournée, ombrage nos ruines.

Sonnet bousingot, extrait d'*Albertus*, p. 259, cité par M. Charles Asselineau dans sa *Bibliographie romantique;* Paris, Rouquette, 1872, in-8°. Le Gérard qui a fourni la première épigraphe n'est autre que Gérard Labrunie, dit de Nerval.

La préface de *Mademoiselle de Maupin*, 1836, où dès la première phrase le maréchal Bugeaud est rapproché de Deutz, paraît avoir été la dernière manifestation politico-romantique de Gautier. En 1838, rallié au roi qu'il avait qualifié de « pyriforme, » il lui adressait une ode sur la naissance du comte de Paris, laquelle ne fut pas imprimée. On avait alors la pudeur de ne pas faire paraître ces choses-là au Journal officiel.

QUATRAIN

POUR LE PORTRAIT D'ARSÈNE HOUSSAYE

J'aime à rêver au temps où j'étais mousse,
J'aime à tenir brunette sur la mousse,
Et j'aime autant le vin d'Aï qui mousse
Que tous les vers de Musset et de Mousse.

1836.

Houssaye avait signé du pseudonyme d'Alfred Mousse une nouvelle, *De profundis;* Paris, Lecointe et Pougin, 1834, in-8°.

MON ALDEGONDE ET MA RODOGUNE

Air : *Valse du pas styrien.*

Mon Aldegonde,
Ma blonde,
Doit plaire à tout le monde :
Jeunesse,
Fraîcheur et gentillesse,
Sagesse,
Enfin, hors la richesse,
Voilà,
Elle a
Tout cela.
Danseuse
Joyeuse,
Valseuse
Rieuse.
Elle n'est heureuse
Qu'au son
Du piston.
Il faut la voir quand la valse commence,
Elle s'élance
Et se balance :
Car en hiver, aux jours gras, l'innocence

Va, par hasard,
Au bal Musard.
Mon Aldegonde, aux yeux provoquants,
Se permet des mots piquants :
Mais ses ragots, ses cancans,
S'ils sont parfois inconséquents,
Ne sont jamais choquants...
Ferme comme un roc,
Son cœur ne craint aucun choc,
Tout en lisant *Plick et Plock*,
Et les œuvres de Paul de Kock.

(*Parlé.*) Numéro deux !

Ma Rodogune,
Ma brune,
Pâle comme la lune,
Soupire
Et pour moi seul respire,
N'aspire,
Soumise à mon empire,
Qu'au cœur
De son doux vainqueur.
Son âme
De femme
Réclame
Ma flamme.
Infâme
Bigame,
J'ai des feux
Pour deux !
Simple lingère, à son cœur romantique
Antipathique
Est la boutique :

Dans ses douleurs,
Elle offre à la pratique
Plus d'un mouchoir trempé de pleurs.
Ce qu'il lui faut, c'est la paix des champs,
L'aspect des soleils couchants,
Des rossignols les doux chants,
Toujours si purs et si touchants ;
Oui, voilà ses penchants...
Un roc escarpé,
Le gazon pour canapé,
Du laitage à son soupé...
Avec du champagne frappé !

Dans cette affaire,
Que faire ?
Laquelle je préfère ?...
Que j'aime
Cet embarras extrême !
Et même,
S'il faut une troisième,
Le choix
Vaudra mieux à trois.

———

Dans *les Économies de Cabochard*, vaudeville en un acte, par MM. Dumanoir et Paul Siraudin, représenté pour la première fois à Paris, sur le théâtre du Palais Royal, le 17 juin 1841.

Les jours où M. Siraudin exulte comme confiseur, il s'achève en se persuadant qu'il est l'auteur de ce chef-d'œuvre.

EN SORTANT DE LA REPRÉSENTATION

DES « FAUX MÉNAGES »

de M. Édouard Pailleron

—

De chemin, mon ami, va ton petit bonhomme.

1869.

RÉPONSE

A UNE INVITATION A DINER CHEZ M. GARNIER

l'architecte de l'Opéra

—

Garnier, grand maître du fronton,
De l'astragale et du feston,
Mardi, lâchant là mon planton,
Du fond de mon lointain canton,
J'irai chez toi, tardif piéton,
Aidant mes pas de mon bâton,
Et précédé d'un mirliton,
Duilius du feuilleton.
Je viendrai, portant un veston
Jadis couleur de hanneton,
Sous mon plus ancien hoqueton.
Les gants et le col en carton,
Les poitrails à la Benoiton
Et les diamants en bouton
Te paraîtraient de mauvais ton
Pour ce fraternel gueuleton
Qu'arrosera le piqueton.
Que ce soit poule ou caneton,

Perdrix aux choux ou miroton,
Pâté de veau froid ou de thon,
Nids d'hirondelle de Canton
Ou gousse d'ail sur un croûton,
Faisan ou hachis de mouton,
Pain bis, brioche ou paneton,
Argenteuil ou Brane-Mouton,
Cidre ou pale-ale de Burton,
Chez Lucullus ou chez Caton,
Je m'emplirai jusqu'au menton,
Avalant tout comme un glouton,
Sans laisser un seul rogaton
Pour la desserte au marmiton.
Pendant ce banquet de Platon,
Mêlant Athène à Charenton,
On parlera de Wellington
Et du soldat de Marathon,
D'Aspasie ou de Mousqueton
Et du Saint-Père et du Santon ;
Chacun lancera son dicton,
Allant du char de Phaëton
Aux locomotives Crampton,
De *l'Iliade* à *l'Oncle Tom*,
Et de Babylone à Boston.
A très-grand'peine saura-t-on
Si c'est du basque ou du teuton,
Du sanscrit ou du bas-breton...
Puis vidant un dernier rhyton,
Le ténor ou le baryton,
Plus faux qu'un cornet à piston,
Sur l'air de : *Tontaine, tonton,*
Chantera Philis ou Gothon,
Jusqu'à l'heure ou le vieux Titon

Chasse l'aurore au frais téton.
Mais il faut finir ce centon
A la manière d'Hamilton,
Où j'ai, pour mieux rimer en ton
Fait de la muse Jeanneton.
Dans mon fauteuil à capiton,
En casaque de molleton,
Coiffé d'un bonnet de coton,
Je m'endors et je signe : Ton...

   Ami de cœur et de plume,
        THÉOPHILE GAUTIER.

Publié après la mort de Gautier dans divers journaux de novembre 1872.

GALANTERIES

MUSÉE SECRET.

Des déesses et des mortelles
Quand ils font voir les charmes nus,
Les sculpteurs grecs plument les ailes
De la colombe de Vénus.

Sous leur ciseau s'envole et tombe
Le doux manteau qui la revêt,
Et sur son nid froid la colombe
Tremble sans plume et sans duvet.

O grands païens ! je vous pardonne.
Les Grecs, enlevant au contour
Le fin coton que Dieu lui donne,
Otaient son mystère à l'amour.

Mais nos peintres tondant leurs toiles
Comme des marbres de Paros,
Fauchent sur les beaux corps sans voiles
Le gazon où s'assied Eros.

Pourtant jamais beauté chrétienne
N'a fait à son trésor caché
Une visite athénienne,
La lampe en main, comme Psyché.

Au soleil tirant sans vergogne
Le drap de la blonde qui dort,
Comme Philippe de Bourgogne
Vous trouveriez la toison d'or ;

Et la brune est toujours certaine
D'amener au bout de son doigt,
Pour le diable de La Fontaine,
Le cheveu que rien ne rend droit.

Aussi j'aime tes courtisanes
Et tes nymphes, ô Titien,
Roi des tons chauds et diaphanes,
Soleil du ciel vénitien !

Sous une courtine pourprée,
Elles étalent bravement,
Dans sa pâleur mate et dorée,
Un corps superbe où rien ne ment ;

Une touffe d'ombre soyeuse
Veloute sur leur flanc poli
Cette envergure harmonieuse
Que trace l'âme avec son pli ;

Et l'on voit sous leurs doigts d'ivoire,
Naïf détail que nous aimons,
Germer la mousse blonde ou noire
Dont Cypris tapisse ses monts.

A Rome, ouvrant ses cuisses rondes,
Sur un autel d'or, Danaé
Laisse du ciel, en larmes blondes,
Pleuvoir Jupiter monnoyé ;

Et la tribune de Florence
Au *cant* choqué montre Vénus
Baignant avec indifférence
Dans son manchon ses doigts menus.

Maître, ma gondole à Venise
Berçait un corps digne de toi,
Avec un flanc superbe où frise
De quoi faire un ordre de roi,

Pour rendre sa beauté complète,
Laisse-moi faire, ô grand vieillard,
Changeant mon luth pour ta palette,
Une transposition d'art.

Oh ! comme dans la rouge alcôve,
Sur la blancheur de ce beau corps,
J'aime à voir cette tache fauve
Prendre le ton bruni des ors,

Et rappeler, ainsi posée,
L'Amour sur sa mère endormi,
Ombrant de sa tête frisée
Le beau sein qu'il cache à demi.

Dans une soie ondée et rousse
Le fruit d'amour y rit au yeux,
Comme une pêche sur la mousse
D'un paradis mystérieux.

Pomme authentique d'Hespéride,
Or crespelé, riche toison,
Qu'aurait voulu cueillir Alcide
Et qui ferait voguer Jason !

Sur ta laine annelée et fine
Que l'art toujours voulut raser,
O douce barbe féminine,
Reçois mon vers comme un baiser ;

Car il faut des oublis antiques
Et des pudeurs d'un temps châtré
Venger dans des strophes plastiques,
Grande Vénus, ton mont sacré !

LE NOMBRIL

Nombril, je t'aime, astre du ventre.
Œil blanc dans le marbre sculpté,
Et que l'Amour a mis au centre
Du sanctuaire où seul il entre,
Comme un cachet de volupté.

LA MORT, L'APPARITION ET LES OBSÈQUES DU CAPITAINE MORPION

I

Cent mille poux de forte taille
Sur la motte ont livré bataille
A nombre égal de morpions
Portant écus et morions.

Transpercé, malgré sa cuirasse
Faite d'une écaille de crasse,
Le capitaine Morpion
Est tombé mort au bord du con.

En vain la foule désolée,
Pour lui dresser un mausolée,
Pendant huit jours chercha son corps...
L'abîme ne rend pas les morts!

II

Un soir, au bord de la ravine,
Ruisselant de foutre et d'urine,
On vit un fantôme tout nu,
A cheval sur un poil de cu.

C'était l'ombre du capitaine,
Dont la carcasse de vers pleine,
Par défaut d'inhumation
Sentait le marolle et l'arpion.

Devant cette ombre qui murmure
Triste, faute de sépulture,
Tous les morpions font serment
De lui dresser un monument.

III

On l'a recouvert d'une toile
Où de l'honneur brille l'étoile,
Comme au convoi d'un général
Ou d'un garde national.

Son cheval à pied l'accompagne ;
Quatre morpions grands d'Espagne,
La larme à l'œil, l'écharpe au bras,
Tiennent les quatre coins du drap.

On lui bâtit un cénotaphe
Où l'on grava cette épitaphe :
« Ci-gît un morpion de cœur,
Mort vaillamment au champ d'honneur. »

Cette poésie héroïque se chante sur la musique d'une marche funèbre, composée par M. Reyer pour le convoi du maréchal Gérard.

QUESTION

Ainsi qu'une capote anglaise
Dans laquelle on a déchargé,
Comme le gland d'un vieux qui baise,
Flotte son téton ravagé.

Vingt couches, autant de véroles,
Ont couturé son ventre affreux,
Hideux amas de triples molles,
Où d'ennui bâille un trou glaireux.

Comme la merde à la moustache
D'un rat qui dîne à Montfaucon,
Le foutre en verts grumeaux s'attache
Aux poils gris qui bordent son con.

Pourtant, on fout cette latrine...
Ne vaudrait-il pas mieux cent fois
Moucher la morve de sa pine
Dans le mouchoir de ses cinq doigts ?

BONHEUR PARFAIT

Que les chiens sont heureux !
Dans leur humeur badine,
Ils se sucent la pine,
Ils s'enculent entr'eux ;
Que les chiens sont heureux !

CONCORDANCES

—

Dieu fit le con, ogive énorme,
  Pour les chrétiens,
Et le cul, plein-cintre difforme,
  Pour les païens ;
Pour les sétons et les cautères,
  Il fit les poix,
Et pour les pines solitaires,
  Il fit les doigts.

LE GODEMICHET DE LA GLOIRE

Un vit, sur la place Vendôme,
Gamahuché par l'aquilon,
Décalotte son large dôme,
Ayant pour gland Napoléon.
Veuve de son foufeur, la Gloire,
La nuit, dans son con souverain,
Enfonce — tirage illusoire ! —
Ce grand godemichet d'airain...

VIDUA ET ORBATA

Madame la Gloire ne pouvant plus combler l'abîme de son veuvage, vient de faire appel à la sensibilité de MM. les membres de l'assemblée de Versailles, lesquels l'ont renvoyée à Courbet, d'Ornans, maître peintre, condamné à rafistoler et redresser l'engin phallique de la dite dame, méchamment mis en capilotade par la Commune.

DISTIQUE

POUR UN DESSIN DU PEINTRE P. D. C.

Un monsieur à lunettes faisant le bonheur d'une femme

Arqué sur ses talons le notaire instrumente,
Et fout du ventre au front sa femme et sa servante.

Le peintre P. D. C. aime à se dégourdir de son allégorisme officiel par des charges d'une bouffonnerie violente. Ce n'est pas la seule de sa façon que Gautier ait illustrée d'une légende congruante.

Quelques-unes des pièces précédentes ont paru en 1863, avec la signature A (anonyme), dans le *Parnasse satyrique du XIXe siècle*, publié à l'étranger par M. P.-M. Nous tenons de l'éditeur que Gautier lui avait écrit pour désavouer à l'avance tout ce qui porterait son nom dans ce recueil clandestin.

Sans mettre en doute la véracité de M. P.-M., on peut s'étonner de la susceptibilité de Gautier. Il disait volontiers ses priapées, si singulièrement solennelles, et n'était pas sans y attacher du prix. Un petit homme de lettres qu'il en avait régalé mal à propos, par une nuit de gelée, lui en avait même fait, en 1853, des reproches rimés et publics.

Voici ce qu'on avait pu lire dans *le Cœur et l'Estomac*, de M. Alfred Asseline, poète déplorable, mais illustre débordé (Michel Lévy, in-18) :

SUR DES VERS INÉDITS DE THÉOPHILE GAUTIER

I

Après le ballet, arpentant l'asphalte,
Gautier nous a dit des vers indécents.
Le ciel était pur comme un ciel de Malte,
Et le vent du nord a glacé nos sens.

Gautier nous a dit, sous ce vent d'automne,
Sous le regard froid des astres d'argent,
Les vers *sur les poix*, *l'ode à la Colonne*,
Dont s'effraîrait même un ancien sergent.

J'admirais la forme et l'éclat bizarre
De ces vers taillés dans le marbre dur...
Mais, dis, que t'ont fait Paros et Carrare,
Jadis façonnés au goût le plus pur ?

Sculpteur, qu'ont-ils fait, pour qu'aux jours moroses,
Où le spleen te suit d'un pas diligent,
Tu fasses courir dans leurs veines roses
Le poison subtil de ton vif-argent ?

II

Tu veux donc avoir aussi ton musée
Où tu montreras, comme Dupuytren,
Plongeant ton scalpel dans la chair blessée,
Ce que fait le vice aux os qu'il étreint.

Ce savant bourreau porta la lumière
Jusqu'au fond des corps qu'il avait meurtris ;
Mais l'âme amollie a plus d'un ulcère
Dont tu fouilleras les contours flétris.

Eh bien ! chante donc, chercheur de problèmes,
Prêtre de Vénus qu'on voit aux cités,
Les plaisirs malsains, groupes aux faces blêmes,
Qui vit et se meut dans tes vers sculptés.

Moi, cherchant les quais où le soleil brille,
J'irai contempler les deux yeux ardents
Et l'ovale frais d'une belle fille
Qui passe au grand jour, le sourire aux dents.

BONAPARTISME

NATIVITÉ

16 mars 1856, midi.

Au vieux palais des Tuileries,
Chargé déjà d'un grand destin,
Parmi le luxe et les féeries
Un enfant est né ce matin.

Aux premiers rayons de l'aurore,
Dans les rougeurs de l'Orient,
Quand la ville dormait encore,
Il est venu, frais et riant.

Faisant oublier à sa mère
Les croix de la maternité,
Et réalisant la chimère
Du pouvoir et de la beauté.

Les cloches, à pleines volées,
Chantent aux quatre points du ciel !
Joyeusement leurs voix ailées
Disent aux vents : Noël, Noël !

Et le canon des Invalides,
Tonnerre mêlé de rayons,
Fait partout aux foules avides
Compter ses détonations.

Au bruit du fracas insolite
Qui fait trembler son piédestal,
S'émeut le glorieux stylite
Sur son bronze monumental.

Les aigles du socle s'agitent,
Essayant de prendre leur vol,
Et leurs ailes d'airain palpitent
Comme au jour de Sébastopol.

Mais ce n'est pas une victoire
Que chantent cloches et canons :
Sur l'Arc de Triomphe l'Histoire
Ne sait plus où graver des noms !

C'est un Jésus à tête blonde
Qui porte en sa petite main,
Pour globe bleu la paix du monde
Et le bonheur du genre humain.

Sa crèche est faite en bois de rose,
Ses rideaux sont couleurs d'azur ;
Paisible en sa conque il repose,
Car : *Fluctuat nec mergitur.*

Sur lui la France étend son aile ;
A son nouveau-né, pour berceau,
Délicatesse maternelle,
Paris a prêté son vaisseau.

Qu'un bonheur fidèle accompagne
L'enfant impérial qui dort,
Blanc comme les jasmins d'Espagne,
Blond comme les abeilles d'or !

Oh ! quel avenir magnifique
Pour cet enfant a préparé
Le Napoléon pacifique
Par le vœu du peuple sacré !

Jamais les discordes civiles
N'y feront, pour des plans confus,
Sur l'inégal pavé des villes
Des canons sonner les affûts.

Car la France, reine avouée
Parmi les peuples, a repris
Le nom de « France, la louée, »
Que lui donnaient les vieux écrits.

Futur César, quelles merveilles
Surprendront tes yeux éblouis,
Que cherchaient en vain dans leurs veilles
François, Henri quatre et Louis !

A ton premier regard le Louvre,
Profil toujours inachevé,

En perspective se découvre ;
Tu verras ce qu'on a rêvé !

Paris, l'égal des Babylones,
Dentelant le manteau des cieux
De dômes, de tours, de pylones,
Entassement prodigieux ;

Au centre d'une roue immense
De chemins de fer rayonnants,
Où tout finit et tout commence,
Mecque des peuples bourdonnants !

Civilisation géante,
Oh ! quels miracles tu feras
Dans la cité toujours béante,
Avec l'acier de tes cent bras !

Isis, laissant lever ses voiles,
N'aura plus de secrets pour nous ;
La paix au front cerclé d'étoiles,
Bercera l'art sur ses genoux ;

L'ignorance aux longues oreilles,
Bouchant ses yeux pour ne pas voir,
Devant ces splendeurs non pareilles
Se verra réduite à savoir ;

Et Toi, dans l'immensité sombre,
Avec un respect filial,
Au milieu des soleils sans nombre,
Cherche au ciel l'astre impérial ;

Suis bien le sillon qu'il te marque,
Et vogue, fort du souvenir,
Dans ton berceau devenu barque,
Sur l'océan de l'avenir!

Cette pièce a eu une traduction en langue étrangère, en allemand, bien entendu : *Nativitat. Ode auf die Geburt des Kaiserlichen Prinzen...* par Gottlob Fink. Paris, 1856, in-4°.

A L'IMPÉRATRICE

I

Suave et pur jasmin d'Espagne
Où se posa l'abeille d'or,
Une grâce vous accompagne
Et vous possédez un trésor ;

Vous, le sourire de la force,
Le charme de la majesté,
Vous avez la puissante amorce
Qui prend les âmes — la bonté !

Et derrière l'impératrice
A la couronne de rayons,
Apparaît la consolatrice
De toutes les afflictions.

Sans que votre cœur ne l'entende
Il ne saurait tomber un pleur ;
Quelle est la main qui ne se tende
Vers vous, du fond de son malheur ?

Pensive, auguste et maternelle,
Tenant compte des maux soufferts,
Vous rafraîchissez de votre aile
Les feux mérités des enfers.

Ce n'est pas seulement vers l'ombre
Que va le regard de vos yeux,
Dans la cellule étroite et sombre
Faisant briller l'azur des cieux ;

Ce regard que chacun implore,
Qui luit sur tous comme un flambeau,
S'arrête, plus touchant encore,
Quand il a rencontré le Beau.

L'enthousiasme y met sa flamme
Sans en altérer la douceur ;
Si le génie est une femme,
Vous lui dites : « Venez, ma sœur ;

« Je mettrai sur vous cette gloire
Qui fait les hommes radieux,
Ce ruban teint par la victoire,
Pourpre humaine digne des dieux ! »

Et votre main d'où tout ruisselle,
Sur le sein de Rosa Bonheur
Allumant la rouge étincelle,
Fait jaillir l'astre de l'Honneur !

II

Oh ! quelle joie au séjour morne
Des pauvres Enfants détenus,

Limbes grises, tombeau que borne
Un horizon de grands murs nus,

Lorsque la porte qui s'entr'ouvre,
Laissant passer le jour vermeil,
A leurs yeux ravis vous découvre
Comme un ange dans le soleil !

Pour le penseur chose effrayante,
L'Homme jetant à la prison
La faute encore inconsciente,
Et le crime avant la raison !

Ce sont des Cartouches en herbe
Dont les dents de lait ont mordu
Comme un gateau, le fruit acerbe
Qui pend à l'arbre défendu ;

Des scélérats sevrés à peine ;
De petits bandits de douze ans,
D'un mauvais sol mauvaise graine,
Tous coupables mais innocents !

Hélas ! pour beaucoup, la famille
Fut le repaire et non le nid,
La caverne où gronde et fourmille
Le monde fauve qu'on bannit.

Vous arrivez là, douce femme,
Lorsque sommeille encor Paris,
Faisant l'aumôme de votre âme
A ces pauvres enfants surpris.

Vous accueillez leur plainte amère,
Leur long désir de liberté,
Et chacun d'eux vous croit sa mère,
A se voir si bien écouté.

Vous leur parlez de Dieu, de l'homme,
Du saint travail et du devoir,
Des grands exemples qu'on renomme,
Du repentir que suit l'espoir ;

Et la prison tout éblouie
Par la céleste vision,
De la lumière évanouie
Conserve longtemps un rayon.

III

Il est d'autres cités dolentes
Que d'autres Dante décriront ;
Les heures s'y traînent bien lentes,
La faute a la rougeur au front.

Sans craindre pour vos pieds la fange,
Vous traversez ces lieux maudits,
Comme un enfer un bel archange
Qui descendrait du Paradis.

Vous visitez dortoirs, chapelle,
Et la cellule et l'atelier,
Allant où chacun vous appelle
Et ne voulant rien oublier.

Si, dans la triste infirmerie,
Au chevet où râle la mort,

Vous trouvez une sœur qui prie,
L'innocence près du remord,

Vous ployez les genoux, et l'âme
Dont l'aile bat pour le départ,
Croit voir resplendir Notre-Dame
A travers son vague regard.

Lorsque se tait la litanie,
Vous vous penchez pour mieux saisir
Sur les lèvres de l'agonie
Le suprême et secret désir.

La jeune mourante, éperdue,
Qui ne parlait plus qu'avec Dieu,
D'une voix à peine entendue,
Confie à votre cœur son vœu.

Cet humble vœu, dernier caprice,
Est recueilli pieusement,
Et de l'enfant l'impératrice
Exécute le testament.

Moniteur du 15 août 1865 (1).

(1) On ne peut se défendre d'une certaine tristesse en voyant un grand écrivain passer son temps à rimer de pareilles platitudes.

XV DÉCEMBRE MDCCCXL

29 avril 1869

Quand sous l'arc tiomphal où s'inscrivent nos gloires
Passait le sombre char couronné de victoires
      Aux longues ailes d'or,
Et qu'enfin Sainte-Hélène, après tant de souffrance,
Délivrait la grande ombre et rendait à la France
      Son funèbre trésor,

Un rêveur, un captif, derrière ses murailles,
Triste de ne pouvoir, aux saintes funérailles,
      Assister, l'œil en pleurs,
Dans l'étroite prison, sans échos et muette,
Mêlant sa note émue à l'ode du poète,
      Epanchait ses douleurs :

« Sire, vous revenez dans votre capitale,
Et moi, qu'en un cachot tient une loi fatale,
      Exilé de Paris,
J'apercevrai de loin, comme sur une cime,
Le soleil descendant sur le cercueil sublime
      Dans la foule aux longs cris.

Oh! non! n'en veuillez pas, sire, à votre famille
De n'avoir pas formé, sous le rayon qui brille,
  Un groupe filial,
Pour recevoir, au seuil de son apothéose,
Comme Hercule ayant fait sa tâche grandiose,
  L'ancêtre impérial !

Vos malheurs sont finis ; toujours durent les nôtres.
Vous êtes mort là-bas, enchaîné, loin des vôtres,
  Titan sur un écueil ;
Pas de fils pour fermer vos yeux que l'ombre inonde;
Même ici, nul parent, — oh ! misère profonde ! —
  Conduisant votre deuil !

Montholon, le plus cher comme le plus fidèle,
Jusqu'au bout, du vautour affrontant les coups d'aile,
  Vous a gardé sa foi ;
Près du dieu foudroyé, qu'un vaste ennui dévore,
Il se tenait debout, et même il est encore
  En prison avec moi.

Un navire, conduit par un noble jeune homme,
Sous l'arbre où vous dormiez, Sire, votre long somme,
  Captif dans le trépas,
Est allé vous chercher avec une escadrille ;
Mais votre œil sur le pont cherchait votre famille
  Qui ne s'y trouvait pas.

Quand la nef aborda, France, ton sol antique,
Votre âme réveillée à ce choc électrique,
  Au bruit des voix, des pas,
De sa prunelle d'ombre entrevit dans l'aurore,
Palpiter vaguement un drapeau tricolore
  Où l'aigle n'était pas.

Comme autrefois le peuple autour de vous s'empresse;
Cris d'amour furieux, délirante tendresse,
          A genoux, chapeau bas !
Dans l'acclamation, les prudents et les sages
Murmurent, au César faisant sa part d'hommages :
          « Dieu ! ne l'éveillez pas ! »

Vous les avez revus — peuple élu de votre âme —
Ces Français tant aimés que votre nom enflamme,
          Héros des grands combats ;
Mais sur ton sol sacré, patrie autrefois crainte,
Du pas de l'étranger on distingue une empreinte
          Qui ne s'efface pas.

Voyez la jeune armée, où les fils de nos braves,
Avides d'action, impatients d'entraves,
          Voudraient presser le pas ;
Votre nom les émeut, car vous êtes la gloire ;
Mais on leur dit : « Laissez reposer la Victoire ;
          Assez. Croisez les bras. »

Sur le pays, le peuple, étoffe rude et forte,
S'étend comme un manteau qui vaillamment supporte
          L'orage et les frimas;
Mais ces grands si petits, chamarrés de dorures,
Qui cachent leur néant sous de riches parures,
          Ne les regrettez pas.

Comme ils ont renié, troupe au parjure agile,
Votre nom, votre sang, vos lois, votre évangile,
          Pour vous suivre trop las !
Et quand j'ai devant eux parlé de votre cause,
Comme ils ont dit, tournés déjà vers autre chose :
          « Nous ne comprenons pas. »

Laissez-les dire et faire, et sur eux soit la honte!
Qu'importe pierre ou sable au char qui toujours monte
   Et les broie en éclats ?
En vain vous nomment-ils « fugitif météore, »
Votre gloire est à nous, elle rayonne encore ;
   Ils ne la prendront pas.

Sire, c'est un grand jour que le quinze décembre !
Votre voix, est-ce un rêve? a parlé dans ma chambre :
   « Toi qui souffres pour moi,
Ami, de la prison le lent et dur martyre,
Je quitte mon triomphe et je viens pour te dire :
   Je suis content de toi ! »

 Tout le monde connaît la pièce qui a inspiré ces vers ; cependant, peut-être nous saura-t-on gré de la reproduire.

Citadelle de Ham, le 15 décembre 1840

« Sire,

« Vous revenez dans votre capitale, et le peuple en foule salue votre retour; mais moi, du fond de mon cachot, je ne puis apercevoir qu'un rayon du soleil qui éclaire vos funérailles.

« N'en veuillez pas à votre famille de ce qu'elle n'est pas là pour vous recevoir. Votre exil et vos malheurs ont cessé avec votre vie; mais les nôtres durent toujours! Vous êtes mort sur un rocher, loin de la patrie et des vôtres; la main d'un fils n'a point fermé vos yeux. Aujourd'hui encore aucun parent ne conduira votre deuil.

« Montholon, lui que vous aimiez le plus parmi vos dévoués compagnons, vous a rendu les soins d'un fils; il est resté fidèle à votre pensée, à vos dernières volontés; il m'a rapporté vos dernières paroles; il est en prison avec moi !

« Un vaisseau français, conduit par un noble jeune homme, est allé réclamer vos cendres; mais c'est en vain que vous cherchiez sur le pont quelques-uns des vôtres; votre famille n'y était pas.

« En abordant au sol français, un choc électrique

s'est fait sentir ; vous vous êtes soulevé dans votre cercueil ; vos yeux un moment se sont rouverts : le drapeau tricolore flottait sur le rivage, mais votre aigle n'y était pas.

« Le peuple se presse comme autrefois sur votre passage, il vous salue de ses acclamations comme si vous étiez vivant ; mais les grands du jour, tout en vous rendant hommage, diront tout bas : « Dieu ! ne l'éveillez pas ! »

« Vous avez enfin revu ces Français que vous aimiez tant ; vous êtes revenu dans cette France que vous avez rendue si grande ; mais l'étranger y a laissé des traces que toutes les pompes de votre retour n'effaceront pas !

« Voyez cette jeune armée ; ce sont les fils de vos braves ; ils vous vénèrent, car vous êtes la gloire ; mais on leur dit : « Croisez vos bras ! »

« Sire, le peuple, c'est la bonne étoffe qui couvre notre beau pays ; mais ces hommes que vous avez faits si grands, et qui étaient si petits, ah ! Sire, ne les regrettez pas.

« Ils ont renié votre évangile, votre idée, votre gloire, votre sang ; quand je leur ai parlé de votre cause, il nous ont dit : Nous ne comprenons pas.

« Laissez-les dire, laissez-les faire ; qu'importent, au char qui monte, les grains de sable qui se jettent sous les roues ! Ils ont beau dire que vous êtes un météore qui ne laisse pas de trace ; ils ont beau nier votre gloire civile ; ils ne vous déshériteront pas !

« Sire, le 15 décembre est un grand jour pour la France et pour moi. Du milieu de votre somptueux cortége, dédaignant certains hommages, vous avez un instant jeté vos regards sur ma sombre demeure, et vous souvenant des caresses que vous prodiguiez à mon enfance, vous m'avez dit : « *Tu souffres pour moi, je suis content de toi.* »

Louis-Napoléon.

Ces rimes françaises sur une matière à mettre en vers latins, et la prose qui les suit, sont une réimpression textuelle de la brochure : *XV Décembre MDCCCXL;* imp. du Journal officiel, MDCCCLXIX, A. Wittersheim et Cie, in-4, 16 p., papier vergé, tirée à 44 exemplaires, offerts à Napoléon III, disparus pour la plupart dans l'incendie des Tuileries.

FIN

TABLE

Avertissement sur le portrait	1
Autobiographie	1
Singularités.	17
Cauchemar.	17
Colère	20
Sonnet VII	22
Quatrain pour le portrait d'Arsène Houssaye	24
Mon Aldegonde et ma Rodogune	25
En sortant de la représentation des « Faux Ménages »	28
Réponse à une invitation à dîner chez M. Garnier	29
Galanteries.	33
Musée secret.	33
Le nombril	37
La mort, l'apparition et les obsèqnes du capitaine Morpion	38
Question	40
Bonheur parfait.	41
Concordances	42
Le Godemichet de la gloire.	43
Distique pour un dessin du peintre P.D.C	44
Bonapartisme	47
Nativité	47
A l'impératrice	52
XV décembre MDCCCXL	57

FIN DE LA TABLE

www.ingramcontent.com/pod-product-compliance
Lightning Source LLC
LaVergne TN
LVHW022114080426
835511LV00007B/804